MY NIGHT WITH

FEDERICO GARCÍA LORCA

Books by Jaime Manrique

FICTION
El cadáver de papá
Columbian Gold
Latin Moon in Manhattan
Twilight at the Equator

POETRY
Los adoradores de la luna
Scarecrow (chapbook)
My Night with Federico García Lorca
Tarzan, My Body, Christopher Columbus

CRITICISM
Notas de cine: Confesiones de un crítico amateur

MEMOIR
Eminent Maricones: Arenas, Lorca, Puig, and Me

MY NIGHT WITH
FEDERICO GARCÍA LORCA

JAIME MANRIQUE

Translations by Edith Grossman and Eugene Richie

The University of Wisconsin Press

The University of Wisconsin Press
1930 Monroe Street
Madison, Wisconsin 53711

www.wisc.edu/wisconsinpress/

3 Henrietta Street
London WC2E 8LU, England

5   4   3   2   1

Printed in the United States of America

Library of Congress Cataloging-in-Publication Data
Manrique Ardila, Jaime, 1949–
My night with Federico García Lorca / translated by Edith Grossman and Eugene Richie
     p.   cm.
English and Spanish.
ISBN 0-299-18764-0 (paper)
I. Grossman, Edith, 1936–   II. Richie, Eugene. III. Title.
PQ8180.23 A52 M813   2003
861'.64—dc21   2002075672

Poems previously published in English translations are "Barranco de Loba, 1929," *Grand Street*; "Metamorphosis," *Ploughshares*; "My Father's Ghost in Two Landscapes," *Arete*; "The Nat King Cole Years," *The Brooklyn Review*; "Ode to a Hummingbird," *Anthology of Contemporary Latin American Literature: 1960–1984*, ed. Barry J. Luby and Wayne H. Finke (Fairleigh Dickinson, 1986); "Scarecrow," *The Literary Review* and *Private*; "Mambo," *Private*; "Swan's Elegy," *Private*; "Memories," *The Portable Lower East Side*; "Barcelona Days," *The Journal* (University of Ohio); "My Night With Federico García Lorca," *The Name of Love* (*Classic Gay Love Poems*), ed. Michael Lasell (St. Martin's Press, 1995); "Saudade," *Eros in Boystown* (*Contemporary Gay Poems about Sex*), ed. Michael Lasell (Crown Publishers, 1996); "Ode to a Hummingbird," "Swan's Elegy," "Scarecrow," "My father's Ghost in Two Landscapes," "Mambo," and "Redington Pier at St. Petersburg," *Scarecrow* (The Groundwater Press, 1990).

Poems previously published in Spanish are "Elegía al cisne," "El fantasma de mi padre en dos paisajes," and "El espantapajaros," *Linden Lane Magazine* (Princeton, N.J.); "Oda a un colibrí," *Aquarimántima* (Medellín, Colombia); "El espantapájores," *Golpe de dados* (Bogotá, Colombia); and *Los paraguas amarillos* (*Los poetas latinos en New York*), ed. Iván Silén (Ediciones del Norte, 1983); "Contemplando un paisaje de Frederic Edwin Church," *Eco* (Bogotá, Colombia); "Mambo" and "Marco Polo, mercader y poeta," *Poesía* (Venezuela); "Barranco de Loba, 1929," *Diario del Caribe* (Barranquilla, Colombia); "El jardín de las delicias," *Milenio* (Valencia, Venezuela); and "Los hongos," *Mariel* (New York).

To my mother

and Josefina Folgoso

CONTENTS

I

II

III

MY NIGHT WITH
FEDERICO GARCÍA LORCA

I

El Barranco de Loba, 1929

Cuando el sol calcinante
se abate hostigante sobre el pueblo,
después de que mi abuela
(como Ursula Iguarán)
se ha pasado horas enteras
confeccionando animalitos azucarados,
mi madre, con un vestido de lino blanco
que le llega hasta los tobillos,
una cinta roja adornándole
su larga trenza negra,
calzando burdas chancletas,
va de casa en casa cantando:
"Cocadas, cocadas de coco y piña."

Maldiciendo el sol
que la quema y la renegrea,
mi madre balancea la bandeja
encima de su cabeza
y camina desde la quebrada
hasta la escuela pública,
pasando por el cuartel de la policía,
las dos cantinas del pueblo,
y el cementerio donde los gallinazos,
las iguanas y las víboras hacen la siesta.
Mi madre camina las calles engramadas
del villorrio hasta que el sol
—una guayaba madura ardiendo—

Barranco de Loba, 1929

When the calcine sun
swoops down to scourge the town,
after my grandmother
(like Ursula Iguarán)
has spent endless hours
making little sugared candies,
my mother, in a white linen dress
down to her ankles,
with a red ribbon twined
in her long black braid
and coarse slippers on her feet,
goes from house to house singing:
"Candies, coconut and pineapple candies."

Cursing the sun
that burns and blackens her,
my mother balances the tray
on her head
and walks from the ravine
to the public school,
past the police station,
the two cantinas,
the cemetery where buzzards, iguanas and snakes
take their siestas.
My mother walks the overgrown streets
of that one-horse town until the sun
—a burning ripe guava—

se zambulle en las aguas del Magdalena
y una violenta hemorragia celeste
pinta nubes enfebrecidas.

Acomodándose sobre una piedra
a orillas del río,
observando los pescadores
que regresan en sus piraguas cargadas
de bagres, bocachicos y manatíes,
tortugas y babillas,
mi madre, con su bandeja de animalitos casi intacta,
espanta los mosquitos que la aguzan
y las moscas drogadas por el azúcar.
Ella es una niña de diez años,
hastiada, sudorosa, cansada.
Ella odia a sus padres por ponerla
a vender cocadas que nadie compra.
Rascándose las piernas
con sus uñas de señorita,
ella espera la lancha
que todas las tardes pasa río arriba,
rumbo a Mompox, Magangué, El Banco, Cartagena,
las grandes ciudades del mundo.
Todas las tardes ella espera.
Todos los días ella anhela ese primer viaje
del que nunca regresará.
Cuando finalmente la lancha a vapor
aparece, tosiendo como una ballena tísica,
los zancudos frenéticos
que atacan los brazos expuestos
de mi madre,
ya no la molestan.

falls into the Magdalena
and a violent hemorrhage
stains the feverish clouds.

Settling on a rock
at the river's edge
to watch fishermen
returning in canoes heavy
with catfish, bocachico, manatee,
turtles, gators,
my mother, her tray of sweets almost full,
brushes away stinging mosquitoes
and flies drunk on sugar.

A ten-year-old girl,
she is angry, sweating, tired.
She hates her parents for sending her
to sell candies that nobody buys.
Scratching her legs
with her young lady's nails,
she waits for the launch
that passes every afternoon
heading upriver to Mompox and Magangué, El Banco, Cartagena,
the great cities of the world.
Every afternoon she waits.
Every day she longs for that first voyage
from which she will never return.
When the steamboat finally
appears, coughing like a consumptive whale,
the frantic mosquitoes
assaulting my mother's bare arms
no longer bother her.

Porque el picor que la ataca
es más agudo, es de otra naturaleza.
Es el picor del deseo herido,
es el canto de sirena del mundo y sus placeres
que la lancha anuncia todas las noches
subiendo las aguas del río en llamas
hacia esas urbes donde la vida empieza.

The sting that torments her
is sharper, is a different kind,
is the sting of wounded desire,
the siren song of the world and its pleasures
sung every night by the launch
as it moves up the river in flames
to metropolises
where life begins.

Translated by Edith Grossman

El fantasma de mi padre en dos paisajes

Cuando busco refugio en la casa al anochecer
a través del ciprés, una luna enceguecedora me detiene,
y desde el bosque oscuro, el fantasma fosforescente
de mi padre me indica un estallido
de luceros y otros prodigios celestiales
que ahora, en la eternidad eterna,
él se entretiene nombrándolos.

Estoy en Nueva Inglaterra,
un paisaje desconocido por mi padre,
un paisaje sin flores con cuellos de jirafas,
ni aves de garras platinadas,
ni felinos vomitando cataratas de sangre,
ni platanales cruzados por ríos claros como el vodka
zurcados por flamingos con cuellos sumergidos
y con plumosas colas abiertas como parasoles.

No, este valle no es una exaltada pesadilla de Rousseau,
aunque aquí también la luna deslumbrante
pende de un collar de astros,
y el collar es un puente entre los cielos
que mi padre conoció y los cielos que veo ahora.

Hay preguntas que quisiera hacerle al efluvio de mi padre
si él no estuviera embelesado con la noche y sus misterios,
si yo conociera el lenguaje de los muertos.

My Father's Ghost in Two Landscapes

Just when I seek shelter in the house at dusk
a blinding moon behind the cypress stops me,
and from the dark woods the glowing ghost
of my father points to an explosion
of evening stars and other heavenly wonders
that now, in his eternal eternity,
he spends his time in naming.

I am in New England,
a landscape unknown to my father,
a landscape with no giraffe-neck flowers
or birds with platinum claws
or big cats vomiting cataracts of blood,
or banana groves cut by rivers as clear as vodka
where flamingoes wade with their necks under water
and feathery tails spread like parasols.

No, this valley is no nightmare vision by Rousseau,
although here, too, a dazzling moon
dangles from a necklace of stars,
and that necklace is a bridge between the skies
my father knew and the skies I see now.

There are questions I would like to ask my father's apparition
if he were not enraptured with the night and its mysteries
and if I knew the language of the dead.

Lentamente, como una llama que se extingue,
el fantasma desaparece y deja, en el tablero de la noche,
un mensaje indescifrable que me abruma.
El calor de la casa es mi último cobijo
de estos cielos penumbrosos
preñados de señales.

Slowly, like the flicker of a flame,
the ghost vanishes and leaves behind, on the slate of the night,
an indecipherable message that overwhelms me.
The warmth in the house is my last refuge
against these darkening skies
full of signs.

Translated by Edith Grossman

El cielo encima de la casa de mi madre

Es una noche de julio
perfumada de gardenias.
La luna y las estrellas brillan
sin revelar la esencia de la noche.
A través del anochecer
—con sus gradaciones cada vez más intensas de ónix,
y el resplandor dorado de los astros, de las sombras—
mi madre ha ido ordenando su casa, el jardín, la cocina.
Ahora, mientras ella duerme,
yo camino en su jardín,
inmerso en la soledad de esta hora.
Se me escapan los nombres
de muchos árboles y flores,
y había más pinos antes
donde los naranjos florecen ahora.
Esta noche pienso en todos los cielos
que he contemplado y que alguna vez amé.
Esta noche las sombras
alrededor de la casa son benignas.
El cielo es una cámara oscura
que proyecta imágenes borrosas.
En la casa de mi madre
los destellos de los astros
me perforan con nostalgia,
y cada hilo de la red que circunvala este universo
es una herida que no sana.

The Sky Over My Mother's House

It is a July night
scented with gardenias.
The moon and stars shine
hiding the essence of the night.
As darkness fell
—with its deepening onyx shadows
and the golden brilliance of the stars—
my mother put the garden, her house, the kitchen, in order.
Now, as she sleeps,
I walk in her garden
immersed in the solitude of the moment.
I have forgotten the names
of many trees and flowers
and there used to be more pines
where orange trees flower now.
Tonight I think of all the skies
I have pondered and once loved.
Tonight the shadows around
the house are kind.
The sky is a camera obscura
projecting blurred images.
In my mother's house
the twinkling stars
pierce me with nostalgia,
and each thread in the net that surrounds this world
is a wound that will not heal.

Translated by Edith Grossman

El jardín de las delicias

a mi madre

1

Esta estación que desciende quedamente
¿cómo nombrarla? ¿Cómo nombrar su primer día,

aquí donde las flores braman;
donde las estaciones llegan destruidas?

Por días encerrado como una orquídea
incubando en un invernadero,

era el verano, era el otoño,
eran la primavera y el invierno juntos.

Pero hoy, al salir de nuevo a este jardín
para caminar sus senderos,

cómo ha cambiado de aspecto en unos días;
cómo se ha vestido para un baile, este camaleón del viento.

2

Aquí cerca del mar
una brisa fría y penetrante

llega en un coche invisible. Yo me inclino,
mis rodillas profundas en la tierra

The Garden of Earthly Delights

to my mother

1

This silent season, how can I name it?
How can I name its first day,

here where flowers roar,
where seasons arrive destroyed?

Enclosed for days like an orchid
incubating in a hothouse,

it was summer, fall,
it was spring and winter all at once.

But today, when I go out to the garden again
to walk its paths, I see how in just a few days

its appearance has changed; it has dressed for a dance,
this chameleon of the wind.

2

Here near the sea
a cold penetrating breeze

arrives in an invisible carriage. I kneel,
my knees deep in the earth

y estas plantas que he traído desde lejos
siento temor por ellas, de que el primer viento

del invierno las devuelva a su estado natural—
polvo a polvo, hoja a hoja.

La brisa entierra partículas del jardín en mis ojos.
La luna en el cielo no es una metáfora—

color de nieve, repleta de huecos transparentes,
medio llena, y yo reniego de sus fases.

3

Sé que ha llegado el invierno
porque su tenue luz desciende acariciándome.

No tengo batallas que luchar contra los elementos.
Esta es la estación perfecta,

y yo renuncio a desgastarme en éstas mis carnes.
Hoy, quiero vivir; sostener la ambrosía de la luz en mis manos.

Estas son las plantas de mi jardín
preparándose para el invierno.

Una mañana con un cambio de aire,
con un cielo inmaculado, como el de hoy,

con un viento que sopla desde el lado opuesto
de este céfiro vespertino,

and I fear for these plants I've brought
from far away, fear the first wind

of winter will return them to nature—
dust to dust, leaf to leaf.

The breeze buries garden grit in my eyes.
The moon in the sky is no metaphor—

snow-colored, full of transparent hollows,
half-moon, I renounce its phases.

3

I know that winter has arrived:
its tenuous light descends caressing me.

I have no battles to wage against the elements.
This is the perfect season,

and I renounce the prodigality of this my flesh.
Today, I want to live, hold the ambrosia of light in my hands.

These are the plants of my garden
getting ready for winter.

One morning with a change of air,
with an immaculate sky, like the sky today,

with a wind that blows from the other side
of this gentle evening breeze,

las más fuertes y nobles florecerán al cielo,
las más nobles darán esencias,

las más conscientes frutos, las más dulces
resguardo a las abejas y sombra cuando

el sol sea inclemente. Y las sabias
susurrarán canciones a las estrellas.

4

El jardín es permanente. Las plantas cambian,
los senderos se bifurcan, los árboles ancianos

se desploman y yo me muevo siempre
buscando las estaciones. Hoy es sólo el primer

día de invierno. Hace frío.
El aire huele a miel y a magnolias.

Los pinos conservan los nidos estivales,
los naranjos empiezan a colorear sus bombillos,

las mandarinas a sonrojarse,
las rosas crecen tenaces,

el papiro profundiza
sus raíces egipcias,

las palmeras enfrían el jugo
de sus cocos, las *poinsettias* necesitarán

the strongest will flower to the sky,
the most noble will offer up fragrances,

the most conscientious will give their fruits, the sweetest
shelter to the bees and shade when

the sun is strong. And the wise ones
will whisper songs to the stars.

4

The garden is permanent. The plants change,
the paths diverge, the ancient trees

fall, and I move always
looking for the seasons. Today is only the first

day of winter. It is cold.
The air smells of honey and magnolias.

The pines keep their summer nests,
the oranges begin to color on the trees,

the mandarins to blush,
the stubborn roses grow,

papyrus deepens
its Egyptian roots,

the palms cool the milk
in their coconuts, the poinsettias will need

toda su sangre en las hojas cuando llegue
el último día del almanaque con su escarcha.

Yo canto a las berenjenas, a las coles—
benditos sean ustedes, frutas y vegetales.

5

Este jardín, transitorio, es el jardín
de las delicias. El jardín en el cual

he escojido pasar mis horas.
Este es el jardín donde el contacto

con la tierra me aferra a la vida,
el jardín en el cual en tardes como ésta,

la noche, ese pájaro
de alas oscuras, me sorprende

como una flor que cierra sus pétalos
para proteger su corola.

Este es el jardín donde algún día escogeré
vivir permanentemente,

con una casa circundada de plantas y flores
que crecen hacia al firmamento,

un lugar sin cercas ni hierbas altas
donde los pájaros reposen

antes de proseguir su vuelo.
Éste es el lugar donde quiero vivir

con un gran escritorio cerca a una ventana
frente a un enorme ciruelo.

all their blood in their leaves when the final
day in the almanac brings its frost.

I sing to the eggplant, the cabbage—
may all the fruits and vegetables be blessed.

5

This transitory garden is the garden
of delights. The garden where

I've chosen to spend my hours;
where the touch

of earth binds me to life,
the garden where on afternoons like this,

the blackwinged bird, night,
takes me by surprise

like a flower closing its petals
to protect the corolla.

This is the garden where one day
I will choose to live,

in a house surrounded by plants and flowers
growing toward the sky,

a place without fences, with tall grasses
where birds can rest before they continue

their migratory flight.
Here is where I want to live

with a large desk near a window
facing a huge plum tree.

Hoy, que todo pesa en la soledad de este verdor,
me levanto como este viento vespertino,

abriéndome un camino con mi cuerpo,
cortando el resplandor anarajando de la hora.

Algún día regresaré a esta estación perenne
donde el viento castiga mis ojos.

Hoy quiero vivir en este instante
en el cual escojo preservarte en la memoria,

rodeado de plantas vivas antes del invierno,
en esta estación que desciende a visitarme y permanece.

Today, when everything weighs heavy in this solitary
      green,
I rise like the evening wind,

cut a path with my body,
cut the orange splendor of the moment.

Some day I'll return to this perennial season
where the wind punishes my eyes.

Today I want to live in this instant where
I've chosen to preserve you in memory,

surrounded by the plants that live before winter,
this season that comes to visit, and remains.

Translated by Edith Grossman

Metamorfosis

Cuando eras niño,
en las tardes soñolientas
sofocantes del trópico,
en un escondrijo del colegio
pelabas y chupabas mamones,
royendo la dulce, carnosa pepa,
recordando, aterrorizado,
las historias de adictos al fruto
quienes se habían asfixiado,
las semillas del mamón atrancadas en las tráqueas.
Cada mamón era entonces
una invitación al éxtasis y a la muerte
(las guindas y las ciruelas también te deleitaban
sin producir el arrobamiento del mamón).
Y cuando degustabas ciruelas, guanábanas, anones,
y el grano rubio de la mazorca,
fantaseabas que sus semillas, estacionadas en tus entrañas,
germinarían en el vientre,
enraizándose en tus intestinos,
hasta que troncos y ramas te brotaran de los orificios,
sus verdes hojas y tiernos tallos apetecidos
por mochuelos, turpiales y canarios;
las delicadas ramas cargadas de frutas,
hospedando las aves más cantarinas y exóticas,
hasta que un día el árbol y tú fueran uno,
y ya no tuvieras que asistir más al colegio
o temer a los pulposos mamones.

Metamorphosis

When you were a child,
on hot, drowsy
tropical afternoons,
in a secret hideout at school
you peeled and sucked mamones,
gnawing the sweet, fleshy pulp,
remembering stories of how
addicts of the fruit
had been asphyxiated
by mamón pits blocking their windpipes.
So each mamón was
an invitation to ecstasy and death
(mazard berries and plums were also delicious
without the rapture of the mamón).
And when you digested plums, sweetsops, custard apples
and golden kernels of corn,
you fantasized the seeds, embedded in your entrails,
would germinate in your stomach,
growing roots in your intestines,
until trunks and branches broke out from your orifices,
with their green leaves and tender stems craved
by tiny blue mochuelos, orange troupials and canaries;
the thin branches heavy with fruit,
inviting the most musical and exotic birds,
until one day you and the tree were one
and you wouldn't have to go to school again
or be afraid of the fleshy mamones.

Ahora, cuando comes estas frutas
deleitándote con las semillas en tus encías,
aquel niño de ayer
te urge a que las devores
para que el milagro ocurra
metamorfoseándote en nido, rama, fruta.

Now when you eat these fruits,
savoring the pits with your gums,
the child you once were
urges you to devour them
so that the miracle will take place,
metamorphosing you into fruit, branch, nest.

Translated by Eugene Richie

Mambo

Contra un cielo topacio
y ventanales estrellados
con delirantes trinitarias
y rojas, sensuales cayenas;
el fragante céfiro vespertino
oloroso de almendros y azahar de la India;
sobre las baldosas de diseños moriscos,
con zapatillas de tacón aguja,
vestidos descotados y amplias polleras;
sus largas, obsidianas cabelleras
a la usanza de la época;
perfumadas, trigueñas, risueñas,
mis tías bailaban el mambo
canturreando, "Doctor, mañana
no me saca usted la muela,
aunque me muera del dolor."

Aquellas tardes en mi infancia
cuando mis tías eran muchachas y me pertenecían,
y yo bailaba cobijado entre sus polleras,
nuestras vidas eran un mambo feliz
que no se olvida.

Mambo

Against a topaz sky
and huge windows starry
with delirious heartsease
and sensual red cayenne;
the sweet twilight breeze
fragrant with almond and Indian orange;
on the Moorish tiles,
wearing their spike-heeled shoes,
lowcut dresses and wide swirling skirts;
their long obsidian hairdos
in the style of the time;
perfumed, olive-skinned, smiling,
my aunts danced the mambo
and sang: "Doctor, tomorrow,
you can't pull my tooth,
even if I die of the pain."

Those evenings of my childhood
when my aunts were young and belonged to me,
and I danced hiding in their skirts,
our lives were a happy mambo—
I remember.

Translated by Edith Grossman

Los años de Nat King Cole

Puerto Colombia era ya para ese entonces
un pueblo fantasma.
El muelle de madera,
en su época el más largo del mundo,
estaba en ruinas
y hacía años, tal vez décadas,
que los barcos habían dejado de atracar.
Una franja de arena
había surgido entre la playa
de la bahía y el mar abierto,
y las aguas estancadas
eran un criadero de mosquitos,
aguamalas y otras alimañas.

Mi madre, mi hermana
(que apenas gateaba),
mi tía Triny, Anastasia
(la ahijada de mi madre) y yo,
nos alojábamos en el otrora famoso
Hotel Esperia
pues a causa de mi asma
el doctor había prescrito
largas temporadas en el balneario.

Las tardes en la bahía muerta
ya no culminaban con la marea alta
así que nos enrumbábamos

The Nat King Cole Years

Even then Puerto Colombia was
a ghost town.
The wooden pier,
in its time the largest in the world,
was in ruins
and it had been years, even decades,
since ships had docked there.
A braid of sand
had risen up between the shore
of the bay and the open sea,
and the stagnant waters
had become a hatchery for
jellyfish and other pests.

My mother, my sister
(who had just begun to crawl),
my aunt Triny, Anastasia
(my mother's goddaughter), and I
were staying at the once famous
Hotel Esperia,
for due to my asthma
the doctor had prescribed
extended periods of time at the resort.

Afternoons on the still bay
no longer ended with high tide
so we headed off

hacia las olas revueltas de Prado Mar
donde nos entreteníamos
recogiéndo los chipi chipis,
caracoles, estrellas del mar
y otros espléndidos regalos
que nos hacía el mar.

Regresábamos al anochecer
caminando por la carretera destapada.
Yo le hacía preguntas interminables a mi madre
cuya sabiduría me asombraba:
¿Cómo se llamaba ese pescado
que un muchacho llevaba colgando de un anzuelo?
¿Por qué los chipi chipis tenían
ese nombre tan cómico?
¿Cuándo iba a empezar a caminar mi hermana?

A nuestra derecha quedaban
las mansiones playeras
ahora un tanto dilapidadas
con sus jardines abandonados
de cayenas y trinitarias
color de arrebol
y gigantescas matas de Miami
que engalanaban el paisaje;
y a nuestra izquierda
se levantaban las áridas colinas
carcomidas por el sol y el salitre
en las cuales crecían cactos y zarzas resecas.

Rodeado de mi pequeño harén
debí de haber sido un niño absorto,

towards the breaking waves of Prado Mar
where we amused ourselves
gathering chipi chipis,
seashells, starfish
and other splendid gifts
the sea offered us.

We returned at nightfall
walking along the unpaved main road.
I asked my mother many questions
and her wisdom astounded me:
What is that fish called
a boy was dangling from a hook?
Why do chipi chipis have
such a funny name?
When will my sister begin to walk?

On our right stood
the run-down
oceanfront mansions,
their abandoned gardens
of hibiscus and bougainvillea
the color of dusk.
Leafy golden pothos
adorned the landscape:
on our left
rose arid hills
parched by sun and saltpeter
where cactuses and dry brambles grew.

Surrounded by my little harem
I must have been a self-absorbed child,

mi cabeza llena de quién sabe qué sueños—
de todo lo que sueñan los niños
a los cinco años.

Los días especiales eran aquéllos en los cuales
nos visitaba el amante de mi madre.
Al atardecer, entrábamos a la plaza del pueblo
donde las marchantas de Puerto Colombia
armaban hogueras de carbón
para freír arepas, buñuelos y empanadas.

Nos hartábamos de todas esas cosas
y esperábamos en las bancas de cemento
debajo de los almendros
hasta las 6:30 cuando entrábamos
al teatro al aire libre
para ver películas de Cantinflas, vaqueros y María Félix.

Las pupilas de mi madre y de su amante
brillaban más que las de los amantes en el celuloide
y las estrellas de la noche tropical.
El amante de mi madre se parecía a Jeff Chandler
pero cantaba canciones de Nat King Cole.
Entrada la noche, sentados en la terraza del hotel
para tomar las últimas brisas del día,
arropados por la perfecta oscuridad del mar,
él le cantaba canciones que decían:
"Acércate más y más y más, pero mucho más
y bésame así, así, así, como besas tú";
y "Muñequita linda, de cabellos de oro",
y (mi favorita): "Tuyo es mi corazón
oh sol de mi querer."

my head filled with
everything children dream about
at age five.

The special days were those when
my mother's lover came to visit.
At sunset, we wandered into the town plaza
where the merchants of Puerto Colombia
were preparing large coal fires
to fry arepas, buñuelos and empanadas.

We filled up on all these things
and waited on the stone benches
under the almond trees
until 6:30 when we entered
the outdoor theater
to see westerns and the movies of Cantinflas and María Félix.

My mother's and her lover's eyes
shone brighter than those of the lovers in the film—
brighter than the stars in the tropical night.
My mother's lover resembled Jeff Chandler
but he sang songs by Nat King Cole.
As night fell and we were sitting on the terrace of the hotel
drinking in the last breezes of the day,
he sang songs that said,
"Come much much closer to me, even closer
and kiss me too, like this, like this, the way I kiss you";
and "Beautiful baby doll, with your blond hair,"
and (my favorite): "You are my heart,
oh sun of my love."

Luego llegaba la hora
en la cual a regañadientes
tenía que retirarme
con Anastasia y mi tía.
Los tres compartíamos una habitación.
Mi tía Triny, quinceañera,
le tenía pavor a los cangrejos
y dormía toda la noche
acurrucada en una butaca
con el quinqué encendido a su lado.

Finalmente, reposando bajo el mosquitero,
decía todas mis oraciones
en las cuales incluía
a mi madre, a mi padre ausente,
al amante de mi madre,
a todos mis seres queridos
y a los actores de la última película
que habíamos visto.
Así, escuchando al abanico de techo
girar infatigablemente a través
de la larga noche de los niños,
cerraba mis ojos y en el firmamento de mi imaginación
aparecían astros tan brillantes
como no he vuelto a ver jamás.
Entonces, susurrando
para no despertar a mis compañeras de cuarto,
canturreaba, imitando a Nat King Cole:
"Tuyo es mi corazón
oh sol de mi querer . . . ."

Then came the time
when against my wishes
I had to leave
with Anastasia and my aunt—
all three of us shared a room.
My aunt Triny, a fifteen-year-old,
was terrified of crabs
and slept all night long curled up in an easy chair
with an oil lamp burning nearby.

Finally, lying down under a mosquito netting
I said all my prayers,
in which I included
my mother, my absent father,
my mother's lover,
all my loved ones
and the actors in the last film
we had seen.
And so listening to the fan
turn throughout
the long night of a child,
I closed my eyes and in the firmament of my imagination
appeared stars that were brighter
than any I would ever see again.
Then, whispering
so as not to awaken the companions in my room,
I began to sing softly, imitating Nat King Cole:
"You are my heart,
oh sun of my love . . . ."

Translated by Eugene Richie

Imágenes

He estado toda una tarde estudiando las fotos.
He acumulado tantas en mi vida—
pero hay dos particularmente que me interesan.
Ambas son ahora color sepia, y no sé dónde
fueron tomadas y yo no estoy en ninguna de ellas.
La primera foto es una composición clásica
de nueve personas. Esta es la familia de mi madre.
Mis abuelos, dos tíos, cuatro tías
y una mujer que desconozco o he olvidado.
Las mujeres están sentadas en el suelo,
los hombres de pies detrás de ellas
excepto por mi tía Aura, quien con una mano
agarra a mi abuelo y con la otra
acaricia el hombro de mi tío.
Ya en esta foto de juventud—piel color caramelo,
ojos y cabellos oscuros, más hermosos sobre el sepia—
(vestida con traje de baño de dos piezas:
el equivalente de un bikini en los años cuarenta)
uno podría deducir su naturaleza intrépida.
Todos están en trajes de baño y la mayoría
trata de sonreír de la mejor manera.
Yo no sé quién tomó esta foto,
y escrutando estos rostros, trato de averiguar
qué pensaban ellos, qué esperaban de sus existencias.
Mi abuela, a pesar de sus doce hijos
(o tal vez a causa de ello), sonríe

Images

I've spent a whole afternoon looking at photographs.
I've accumulated so many in my life—
but there are two in particular that interest me.
Both are sepia by now, I don't know where
they were taken, and I'm not in either of them.
The first is a classic composition
of nine people. My mother's family.
My grandparents, two uncles, four aunts,
and a woman I don't know or have forgotten.
The women sit on the ground,
the men stand behind them
except for my Aunt Aura, who holds onto
my grandfather with one hand and with the other
caresses my uncle's shoulder.
Even in this photo of her when she was young—caramel skin,
dark eyes, dark hair, even more beautiful through the sepia,
and wearing a two-piece bathing suit:
the same as a bikini in the 1940s—
one could guess at her boldness.
They're all in bathing suits and most
try their best smiles.
I don't know who took this picture,
and studying these faces, I try to see
what they were thinking, what they hoped for from their lives.
My grandmother, despite her twelve children

de derecha a izquierda, como un girasol gigante.
Mi abuelo parece escrutar al infinito, hermoso
como un buey gris; y mi tía Emilia, con sus trenzas,
parece intuir la tristeza de la vida.
Estoy seguro que para esa época yo no había nacido.
Pero aún si ya hubiera sido adulto,
¿podría ayudarlos con el conocimiento que ahora tengo
de sus vidas? ¿Podría haberlos prevenido de sus éxitos,
de sus fracasos—podría haber profetizado sus muertes?
De cuerpos esbeltos y sanos,
los hombres con sus figuras de esgrimistas—
siento nostalgia al mirar esta foto.
¡Cuánta energía irradia de sus poses!
¿En qué momento dejaron de boxear con la vida?
¿En qué asalto se dieron por vencidos;
en cuál campanada intuyeron lo inmutable?
No hay nada qué pueda hacer para sacarlos de esta foto,
ni para saber qué pensaban ellos en ese instante.
Éste es mi pasado, éstas mis raíces,
pero al revisarlo en esta tarde lluviosa
¿por qué no logro organizarlo en una escena coherente?

(or perhaps because of them), smiles
from right to left, like a giant sunflower.
My grandfather seems to contemplate the infinite, as
                handsome
as a gray ox; and my Aunt Emilia in her braids
seems to sense the sadness of life.
I'm sure I wasn't born yet.
But even if I were already an adult,
could I have helped them with what I know now
about their lives? Could I have predicted their successes,
their failures—could I have prophesied their deaths?
Their slender, healthy bodies,
the men with the look of swordsmen—
I feel nostalgia when I look at this photograph.
So much energy in their stance!
When did they stop boxing with life?
In which round did they concede defeat?
When did the sound of the bell make them sense the
                immutable?
There's no way to take them out of the snapshot,
to know what they were thinking just then.
This is my past, these are my roots,
but as I look at it again on this rainy afternoon,
why can't I arrange everything into a coherent scene?

Translated by Edith Grossman

II

Oda a un colibrí

Si fueras uno de esos pájaros
que cantan cantos milenarios,
te traería migajas o hasta una trampa.
Pero tú no resistes ser enjaulado
o privado de tu hábitat natural.
En las escaleras que suben por el parque,
revoloteando entre las rosas y las orquídeas,
cumplimos día a día el ritual de la visita.
Nadie anuncia mi llegada; ni siquiera la tuya.
Todos los días vengo a ti con un monólogo distinto.
Hoy, mi monólogo es acerca del amor.

No sé si tú haces promesas
de no volver a cometer los mismos errores,
y de resistir cualquier aleteo inusitado
en los recintos del corazón—
por eso nos acercamos tentativamente.
Nunca llegas más allá de las rosas,
y cuando me miras fijamente,
tus ojos parecen cavernas repletas de cháquiras oscuras.
En las escaleras mientras te hablo, mientras tú me
coqueteas en el aire
y te me acercas, me planto
entre las fucsias para observarte;
y cuando tus alas baten la luz del mediodía,
eres un pequeño remolino centelleando en el aire.

Ode to a Hummingbird

If you were one of those birds
who sing ancient songs,
I would bring you bread crumbs or even a snare.
But you cannot be deprived of your natural habitat.
On the steps that lead up to the park,
we fulfill the ritual of our daily visit.
No one announces my arrival or yours.
Today my monologue is about love.

I don't know if you make pledges to resist
unusual flutters in the chambers of the heart—
so you never get closer than the roses,
and when you stare at me,
your eyes are caverns brimming with dark beads.
On the park steps while I talk to you,
while you flirt and approach me,
I stand among the fuchsias to watch you;
and when your wings buffet the noon light,
you are a tiny whirlwind gleaming in the air.

Aunque no comprendo los pasos de tu danza
puedo observar tus piruetas del tronco a la rama.
Como el amor, eres fugaz y resplandeciente
y no sé qué ofrenda o sacrificio hacerte.
Por eso vengo aquí cada día,
esperando que hayas aprendido a confiarme
y qué un día, sin necesidad de pedírtelo,
te acerques para acariciarme.
Los otros transeúntes no pueden verte.
Ellos piensan que le hablo al verde infinito.
Un colibrí sólo es detectable con los ojos del amor.
Pero tú eres hermoso; y tu belleza me impide conocerte.
Tu forma ha estado en mí desde siempre.
En mi niñez deseaba escalar los árboles más altos
y tomar tus crías, como prueba de amistad, en mis manos.
Aun cuando el mar flotaba en mis huesos
tu eras la promesa de algo inalcanzable.
En mis sueños seguiste creciendo.
A través de los años he aprendido que nos abandonamos
con frecuencia, que un día nos olvidamos—
tú por otro clima y otras rosas,
yo buscando en los jardines de la carne
la promesa de tu hermosura.
Estoy seguro de que si no nos temiéramos
hoy podríamos encontrarnos entre las flores
y desafiar a los transeúntes con nuestra audacia.
Pero yo no he aprendido a conjurar el amor
con las ofrendas que el amor requiere.
En mi intento de tocar las puertas del cielo
sólo he aprendido a distinguir los colores.
Si realmente fuera valeroso,
si todavía pudiera creer que basta escalar un árbol,

Though I cannot follow the steps of your dance,
I can watch you pirouette from leaf to branch.
Like love, you are fleeting and resplendent.
So I come hoping you'll learn to trust me
and that one day, without having to ask,
you will come to me and surrender.
Others think I'm looking into infinite green;
a hummingbird is only visible to the eyes of love.
But you are not just another hummingbird.
You are a beauty
and your loveliness stops me from knowing you.
Yet you have always been with me.
In my childhood, I wanted to climb the highest trees
and take your nestlings in my hands.
Even when the sea floated in my bones
you were a promise of the unreachable.
In my dreams, you continued growing.
Over the years I've learned that we leave each other
for other climates with other roses,
looking for the promise of voluptuousness
in the gardens of flesh.
But I'm sure today, if we weren't afraid of each other,
we could meet among the flowers
and astonish passersby with our daring.
Only I have not been able to conjure up love
with the proper offerings.
If I were truly courageous enough,
if I could still believe it was enough to climb a tree,

el más alto, para llegar a eso que tiene un nombre
pero que elude las palabras,
si creyera que sólo la locura de un gesto
pudiera acercarnos y llevarnos a través de los días oscuros,
sin pensar ni en la muerte ni en la felicidad,
si después de tanto trajinar a través de otros seres
hubiera aprendido a hacer las ofrendas que cuentan,
con una guirnalda de orquídeas en mis sienes,
yo vendría a ti—
mi luz de cada día, mi helicóptero verde del alma.
Vendría a ti ofreciéndote la flor más rara, el más
        preciado néctar.

En Amherst, tus visitas a alguien
que había escogido el silencio como entretenimiento
sugerían las flores exóticas de Brasil, color de cochinilla.
Una orquídea, brasileña, lo sé ahora,
es el cuerpo que amo,
es tu boca buscando la mía sin miedos
en la oscuridad o a la luz de una vela.
Hoy no podría ofrecerte una orquídea aunque así lo deseara,
tú has escogido buscar otros climas,
congelarte en las fronteras externas.
Algún día, de nuevo, te acercarás lo suficiente:
veré tus ojos nocturnos,
me maravillaré del arco iris de tu plumaje,
pensaré en los recuerdos de mi niñez,
aunque ahora sepa que para llegar a ti
no basta creer en los milagros,
no basta escalar la cúpula
del árbol más alto que nos ofrece la vida.

the tallest one, to reach what has a name,
but which is beyond words,
if I believed that a daring gesture
could bring us together and carry us beyond darkness,
thinking neither of death, nor of happiness,
if after so much thrashing among others
I had learned to make only the proper offerings,
my temples wreathed with orchids,
I could come to you—
my ration of light, my green helicopter of the soul,
to offer the rarest flower, the most treasured nectar.

In Amherst, your visits to someone
who had chosen silence for entertainment
suggested Brazil's exotic blooms of purple and cochineal.
Now I know that the body I love
is a Brazilian orchid;
it is your mouth seeking mine without fear.
But today I cannot offer you an orchid.
You have chosen to look for other climates,
to freeze yourself on the outer boundaries.
Some day you will come close enough again.
I'll look into your nocturnal eyes,
I'll marvel at your rainbow plumage,
I'll recall childhood memories,
though I know now that to reach you
it is not enough to believe in miracles,
or climb to the crown
of the tallest tree that life has to offer us.

Translated by Eugene Richie

El espantapájaros

Después de muchos meses, hoy me despierto
al dulzor de los naranjos. Las flores blancas
estarán cargando las ramas durante las próximas semanas,
hasta que la flor se convierta en fruto,
las abejas zumbarán desde el alba
hasta que el sol se oculte.
Es hora de poner fin a mi sueño.
Estos últimos días he escuchado al granjero
arriar sus caballos, labrar la tierra, preparar los surcos
que recogen y protejen las semillas.
Por las noches, aunque aquí donde estoy no pueda verla,
la luz de la sala familiar se apagará con los primeros gallos.
Será mañana cuando el granjero con su esposa e hijos
entren aquí buscándome; entrarán riéndose
y murmurando como todos los años. Ya no recuerdo los
      rostros
de los niños. La niña, en esta primavera casi una mujer,
con sus senos como dos melones en mayo,
querrá remendarme y ponerme un traje nuevo
como si fuera la muñeca con la cual ha jugado
el pasado invierno, pero su padre se opondrá,
pues ser feo y espantador es mi destino.
Sin embargo, en este desván donde siempre me sorprende
      la nueva vida,
habrá que reparar las averías hechas por los roedores,
por el rigor de los años, que pasan aún sobre mí—
      el espantapájaros.

Scarecrow

for my sister

Today, after many months, I have awakened
to the sweetness of orange groves. White flowers
will soon be heavy on the branches, and for a few weeks,
until flower gives way to fruit,
Bees will buzz incessantly from dawn
to the setting of the sun.
The time has come to wake from my dream.
The past few days I have listened to the farmer
harnessing horses, plowing earth, preparing the furrows
that nurture and shelter seeds.
At night, though I can't see it from here,
the living-room light goes out with the first crickets
and rekindles with the trumpeting of the roosters.
Tomorrow morning the farmer will come with his children
to look for me. Every year they enter laughing
and chattering. I have forgotten the children's faces.
Almost a woman this spring, the girl
will want to patch me up and have me try on a new costume
like the doll she played with last winter,
but her father will stop her.
So it's my fate to be ugly and scary.
Yet, in this loft where new life takes me by surprise,
they will have to mend the rodents' tears and the wear
of years that age even me, the scarecrow.

Siempre espero ansiosamente este momento,
las torrenciales lluvias de marzo,
la luz que cada día se alarga más en este cuarto,
el canto de los pájaros que regresan
(¡cómo ven pasar a las alondras los pájaros enjaulados!)
y el verdor de los cerezos incipientes ahora, todavía amargos.
Hoy, al despertarme de nuevo,
cuando pienso en los meses que habrán de llegar y pasar
en el lento proceso de todas las cosas mortales,
siento un leve estremecimiento, como siento el agua correr
en el arroyo al lado de la casa, profunda en su cauce oscuro,
arrastrando consigo caracoles y desperdicios
porque aún los espantapájaros tenemos un corazón
y nos preguntamos hacia dónde fluyen los ríos.

                              ✒

Los relámpagos como rayos de plata
han estado esclareciendo la noche,
y por primera vez en esta vejez de años de verano
he sentido miedo y un leve escalofrío recorrerme.
La lluvia se desliza por mi rostro, mejillas abajo.
¿Quién podría comprender el llanto de un espantapájaros?
Desde hace meses estoy aquí colgado,
sin poder mover la cabeza, condenado a ver el mismo horizonte,
sintiendo la brisa del verano despojarme de una brizna,
y las leves tempestades luchar sin poder arrebatarme
mi sombrero—
sin él ya no me parecería al granjero
y quizás los pájaros olvidarán esta batalla inútil de años
y se acercarán lo suficiente para abanicarme con sus alas.
No que ellos me teman; no que me tengan miedo.

I anxiously await this season
of torrential March rains
with its light that daily inches further into this room,
the song of returning birds
(how the caged birds are going to turn into larks!),
and the greenness of unripe cherries, now still bitter.
Today, facing another dawn,
as I think of the months that will come and go
in the slow way of all mortal things,
I feel a slight shiver as I hear water deep in its dark bed
rushing by the farmhouse in the nearby stream,
dragging along snails and debris,
because even a scarecrow has a heart
and wonders where rivers flow.

❧

Streaks of silver flash, lighting up the night sky,
and for the first time in many summers,
I am afraid and a chill passes through me.
Rain runs down my face and into my eyes.
Who can understand a scarecrow's cry?
I've been hanging here for two months
unable to turn my head, gazing on the same horizon,
feeling the summer breeze whisking bits of me away
and the squalls tearing at my hat;
without it I wouldn't look like the farmer
and maybe birds would skip this futile yearly battle
and come near enough to fan me with their wings—
not that they actually fear me, or are afraid of me;

El miedo sólo lo conoce el que se estaciona, el que no vuela.
Yo los he visto acercarse mes tras mes
buscando las semillas y los gusanos en abril,
atacando las tiernas hojas en mayo,
esperando la flor, hasta que en junio el fruto crezca
y en agosto la vid sea una ofrenda en la mano,
una invitación para calmar la sed voraz del verano.
Aún así, esta vida de inclemencias,
de humillación constante, es preferible al granjero, al
        desván oscuro,
al olvido entre los trastos, los trapos raídos.
Colgar aquí es preferible
a no poder ver el sol, ni la orgullosa luna, ni los astros.
Aquí oigo al menos los cantos de las aves,
escucho sus venturas y sus cuitas
entre el susurro de los árboles.
Oyéndolos hablar puedo imaginarme el mar,
pues año tras año he visto las blancas y flemáticas aves
        marinas
desdeñar los frutos de la tierra. Ellas son creaturas encantadas
por las aguas, y ellas surcan los cielos.
¡Oh! que yo pudiera ser una sirena y no un sirviente en
        una estaca . . .
Que pudiera buscar las estaciones y no ser prisionero de ellas.
Pues cuando el calor de esta estación sea una bendición
al lado del océano, yo estaré vigilando los frutos
que tan sólo puedo oler, pues no soy más que esclavo de
        los hombres.

only those who can't fly are afraid.
Month after month I've seen them come closer,
waiting for the first blossoms,
digging up seeds and April worms,
pecking at tender May leaves
until June fruit grows
and the August grapevine invites a hand
to quench summer's thirst.
Even so, this inclement life
of constant harassment is better than the dark loft
or being under farm tools and tattered rags.
Hanging out here is better
than being unable to see the sun, proud moon, or stars.
Here I can at least listen to the sounds of birds.
I hear them come and go
with the rustling of trees.
Listening to them, I imagine the sea,
and year after year I've seen white, impassive sea gulls
scorn the fruits of the earth.
They are creatures enchanted by water
and free to fly where they want.
Oh, if only I were a Siren, not a servant on a stick,
if only I could follow the seasons, not be their prisoner.
For when the midsummer heat by the seashore is a blessing,
I'll be here guarding these fruits I can only smell,
so I'm only mankind's keeper.

Es julio ahora y mis ojos se han cansado de tanto verdor,
del color rojizo de la tierra. Ha empezado a arreciar el calor
y las lluvias son escasas pero torrenciales.
Las cerezas, los duraznos y las ciruelas están a punto de
        madurar;
y yo siento la necesidad de alguien o de algo, algo más
        que el contacto
del granjero arreglándome, que el graznido de los pájaros,
que las caricias de los elementos.
Sí, también pienso en los viajantes que cruzan los caminos,
en sus destinos similares al mío,
y quisiera hablar sus idiomas, decirles adiós, darles voces
        de aliento.

A finales de agosto empieza la vendimia
y en septiembre se desatan las lluvias;
cada día los árboles y la tierra, despojados,
se van quedando como yo—más solos.
Pronto los pájaros comenzarán a emigrar de nuevo,
sus estómagos repletos del rojo de las frutas,
como si llevaran en sus entrañas un cargamento de líquidos
        rubíes.
Llegará un día en el cual yo presida de nuevo este campo vacío
y no haya nada que cuidar, ni nadie a quien aterrorizar
con mi desparpajo. Hacia el final de septiembre las noches
serán cada vez más claras y transparentes,
los cambios de la luna ya no parecerán tan urgentes
y yo seguiré colgando aquí, hasta que el último fruto

It's July and my eyes are tired of the greenness
and the earthy redness. It's getting hotter
and rains are scarce but torrential.
Cherries, peaches, and plums will soon ripen enough to pick;
but I still want someone or something more
than the touch of the farmer fondling me, the cawing of birds,
the caresses of elements.
Yes, I think about travelers going down the road,
their destinies so similar to mine,
and I would like to speak their language, comfort them,
say good-bye.

At the end of August, harvest begins
and in September the rains burst.
Each day the earth and trees are more ragged like me.
Soon birds will migrate again,
stomachs filled with red fruit
as if carrying a precious cargo of liquid rubies.
A day will come when I'll reign again over this empty field.
There will be nothing to look after, no one to scare with my
          rags.
At the end of September, nights
will grow clear and transparent,
the moon's changes won't be so urgent,
and I'll hang here until the last fruit has been picked.

haya sido recogido. Entonces, una mañana, o preferiblemente
        un atardecer
antes de dar terminadas las labores del día,
el granjero me descolgará y me llevará a mi cueva
como si fuera un oso dócil en el zoológico.
Pasarán días en los cuales me quede despierto,
con los ojos bien abiertos en la noche, viendo las ratas
masticar mis entrañas, a las cucarachas penetrarme el cerebro.
Luego vendrá el cansancio. El silencio.
Finalmente empezaré a soñar con la próxima primavera,
con las lluvias frías, y el día en el cual me levanten de mis
        ruinas
y me coloquen en mi estaca y yo pueda saludar al
        espantapájaros
que, en la granja de enfrente,
también se despierta.
A principios de octubre las noches darán sus cosechas de
        estrellas.
En noviembre llegará la muerte
y yo seré su huésped.

Then one morning, or maybe some afternoon
after the day's work is done,
the farmer will take me down and put me in my cave
like a tranquilized bear at the zoo.
I will lie awake for days,
my eyes wide open at night, rats chewing up my insides,
roaches running through my head.
I'll be overcome with fatigue. Silence.
Finally, I'll begin to dream about next spring,
its cold rains, the day they'll lift me
from my ruins and hang me on my stick so I can greet
the scarecrow awakening over there
on the neighboring farm.
In early October, nights will yield a harvest of stars.
In November, death will arrive
and I will be its host.

Translated by Eugene Richie

A final de la primavera

Ahora que la primavera, irrevocable y resoluta,
ha llegado, como llegamos lentamente
y desnudos ante ciertas conclusiones,
regreso a visitar el parque.
Todo aquí habla de nueva vida
a pesar de que cada día todo muere un poco.

Equiparar la primavera con la juventud
no es suficiente,
y este parque lleno de vida
tampoco puede tomarse como una metáfora para lo que
tú experimentas día a día.

Al atardecer los rayos del sol
se cuelan entre las ramas de los árboles
y sus hojas todavía cambian de color
aunque como tú, muy pronto reposarán en la tierra;
y los edificios al fondo parecen
jirafas pétreas clavadas en el horizonte.
Este es el instante en el cual las palomas
caminan en manadas, menos nerviosas, exhaustas.
Tú tambien estás exhausto ante toda esta nueva vida
mientras un pájaro canta una nota metálica y triste
en el bosque, y tú intuyes
que hay algo que los árboles saben
que no admite respuesta.

The End of Spring

Now that spring, irrevocable and resolute,
has come as we come, slow
and naked, to certain conclusions,
I go back to visit the park.
Everything here speaks of new life
though everything dies a little each day.

Comparing spring and youth
isn't enough,
and this park full of life
cannot be taken as metaphor
for what you experience day by day.

At dusk the rays of the sun
filter through the branches of the trees
and the leaves are still changing color
though they'll soon be in the ground, just like you.
And the buildings in the background
look like stone giraffes nailed to the horizon.
This is the moment when the pigeons,
calmer, exhausted, flock together.
All this new life exhausts you too
while a bird sings a sad metallic note
in the grove, and you guess
there's something the trees know
that permits no response.

¿Cuál es el misterio de las aves que vuelan
a esta hora? Hacia dónde se dirigen?
¿Presienten las que mueren
que éste será su último atardecer,
que sus alas no volverán a abanicar el aire?
¿Es por eso que ellas vuelan directo hacia el sol
como queriendo fundirse en su imagen?

Porque tú no vuelas como un ave,
aunque como ellas también mueres,
te gustaría saber qué mensaje indescifrado
hay en el canto del pájaro
cuya melodía no entiendes.

No, repítete a ti mismo. El milagro
de la primavera es mucho más profundo.
Hay una inexactitud en las hojas de mayo
Como si el verde no conociera el hastío.

El ave que vuela, el pájaro que canta, el sol que se pone
no tienen un significado más que el aparente.
Querido corazón, hay ciertas preguntas que no albergan
        respuestas—
déjate consumir por el milagro de este instante.

What is the mystery of the birds that fly
at this time of day? Where are they going?
Do those who die have a foreboding
that this will be their last twilight,
that their wings will not fan the air again?
Is that why they fly straight into the sun
as if they wanted to melt in its image?

Because you don't fly like a bird,
although you die as they do,
you'd like to know what undeciphered message
hides in the birdsong,
the melody you don't understand.

No, tell yourself again. The miracle
of spring is much deeper than that.
There is an inexactitude in May leaves
as if green knew nothing of tedium.

The bird that flies, the bird that sings, the sun that sets
have no meaning except the obvious one.
Dear heart, there are certain questions that harbor no
        answers—
let yourself be lost in the miracle of the moment.

Translated by Edith Grossman

Los hongos

Un chubasco amenaza en el crepúsculo ardiente.
Las abejas zumban enfurecidas
en el calor soporífero.
Del bosque emerge un cuervo;
posándose en la torre de la casa
bate sus alas frenéticamente y grita:
"¡No hay aire, tengo sed, me estoy asfixiando!"
Una bocanada de viento
arrastra al cuervo con sus alaridos;
las hojas de los abedules
muestran sus vientres alabastros.
Hacia el este, las nubes plomizas
tienen bordes color grana.

Una ardilla albina sale de las zarzas,
cruza mi camino, se detiene a mirarme
con ojos de rubí como si padeciera de una plaga
y me enseña sus afilados colmillos de rata.
Antes de internarse en el bosque sin senderos
la ardilla, pelos erizados,
la cola arqueda, formando una circunferencia,
gira en cámara lenta.
Avanzo entre los troncos y el espeso ramaje
hasta que en la penumbra pierdo de vista a la ardilla.
Un trueno espantoso, como la tos tuberculosa del cielo,
es seguido por el lamparazo de un relámpago;
por un instante el suelo se ilumina;
estoy en un campo de concentración de hongos muertos.
Mas en el dorso de un tronco inmenso que yace en el musgo

Toadstools

A cloudburst threatens in the burning twilight.
Bees in a fury buzz
through deadening heat.
A crow flies out of the forest,
lands on the turret of the house,
flaps his wings in frenzy and screams:
"There's no air, I'm thirsty, I can't breathe!"
A gust of wind
blows away the crow and his shouting,
and the birch leaves
show their alabaster bellies.
To the east, the leaden clouds
have scarlet edges.

An albino squirrel comes out of the brambles,
crosses my path, stops to look at me
with ruby eyes, as if it were suffering from plague,
and bares its pointed rat fangs.
Before it goes back to the trackless woods
the squirrel, its fur on end,
tail arched in a circumference,
turns in slow motion.
I move among tree trunks and thick branches
until I lose the squirrel in the dark.
An awful clap of thunder, like the sky's consumptive cough,
is followed by a lightning flash—
for an instant the ground is illuminated:
I am in a concentration camp of dead toadstools.
But out of a great trunk lying in the moss

crecen media docena de hongos rojos.
Sus formas gnómicas me absorben.
Las gotas de la lluvia rasgan el ropaje del bosque,
y los hongos, humedecidos, resplandecen.

"Son paraguas estacionarios para las criaturas del
            bosque," sugiero.
"Son bolas de cristal presagiando maremotos de sangre;
son semáforos para las lechuzas y duendes."
El bosque se barniza
con la fosforecencia venenosa de los hongos.
Arrodillado en el musgo esponjoso
parto un pedazo de la caparazón de un hongo—
una hostia roja—y la recibo en mi lengua.
Entonces imploro: "Droga favorita de los unicornios;
talofita sin clorofila, portadora de los zumos de la tierra;
hongo del abismo encantado,
río por el cual fluimos hacia el otro,
hongo del terror profundo,
fruto de mis alucinaciones,
bendito seas."

Al abrir los ojos la lluvia ha cesado
y los hongos apagan su fulgor incandescente.
El bosque está oscuro.
De mis labios brotan rayos rojizos
como diminutas alfombras persas.
Me pongo de pie y retomo el camino de regreso:
como un dragón lanzallamas
avanzo en las tinieblas
irradiando el carmesí del delirio.

half a dozen red toadstools are sprouting.
Their gnomic forms intrigue me.
The drops of rain tear at the forest's clothes,
and the dampened toadstools glisten.

"They are permanent umbrellas for forest animals," is my first
        guess.
"Crystal balls predicting tidal waves of blood;
traffic lights for owls and elves."
The forest is lacquered
with the poisonous phosphorescence of the toadstools.
Kneeling on the spongy moss
I break off a bit of toadstool cap
—a red host—and receive it on my tongue.
Then I intone: "Favored drug of unicorns;
thallophyte without chlorophyll, bearer of the earth's juices;
toadstool of the enchanted deeps,
river that carries us toward the other,
toadstool of profound terror,
fruit of my hallucinations,
blessed art thou."

When I open my eyes the rain has stopped
and the toadstools have dimmed
their incandescence.
The forest is dark.
Red streaks drip from my lips
like tiny Persian carpets.
I stand, walk back:
Like a firebreathing dragon
I move through darkness
radiating a crimson delirium.

Translated by Edith Grossman

Elegía al cisne

para Grace Schulman

Recostado en una silla playera
me conmueve la humildad del océano,
las distancias que ha recorrido
para desdoblarse en rizos espumosos a mis pies.
En la pleamar, iridiscentes serpientes ondulantes
se forman bajo la epidermis aguamarina.
El cielo es una resplandeciente bóveda escarlata;
el atardecer primaveral, un clisé perfecto.

En el caluroso resplandor del sol poniente,
las imágenes son serenas, apacibles, despojadas de toda
      urgencia.
La paz de este dócil sosiego
me induce a cerrar los ojos,
y el viejo cisne blanco
que contemplé ayer en el crepúsculo aparece.
Lo veo lanzar su cuello hacia el cielo,
abriendo su pico brevemente
para agujerear mi corazón
con un canto desolado.
Y, en la oscuridad circundante,
escucho el desesperado abanicar de sus plumas despeinadas
cuando zarpa hacia la mortaja purpúrea de su suerte.

Swan's Elegy

Lounging in a beach chair
I am moved by the meekness of the ocean,
the distances it has traveled
to unfold in frothing ringlets by my feet.
At high tide, rippling iridescent serpents
form under the aquamarine skin.
The sky is a luminous scarlet arch;
the spring sunset, a perfect cliché.
In the warm glow of the setting sun,
the images are serene, gentle, stripped of all haste—
the hush of this supple silence
makes me close my eyes,
and the old white swan
I saw yesterday in the twilight appears.
I see it crane its neck toward the sky
opening its beak ever so briefly
to puncture my heart
with its desolate song.
In the gathering darkness
I hear the desperate fanning of its ruffled feathers
as it sails toward the magenta shroud of its fate.

Translated by Eugene Richie

El Muelle Redington en San Petersburgo

se extiende sobre El Golfo de México.
La luna llena pinta
temblorosas avenidas doradas
sobre la superficie del Atlántico.
Vestidos con atuendos apastelados
pescadores solitarios,
o en grupos garrulosos,
fosforecen en la oscuridad
con sus propias aureolas.
En la brisa voluptuosa
viaja la voz de un hombre
con un acento que es un canturreo,
"Venimos desde el Valle de Ohio," dice.
Dos mujeres señalan un pescado
flotando verticalmente,
abriendo su boca redonda
para mordizquear el aire.
Una de las mujeres comenta:
"Está listo para flotar panza arriba
a la luz de la luna."
Detrás de mi espalda,
desde la playa,
escucho unos estallidos secos.
Al voltearme descubro,
frente a los condominios
que amurallan la costa,
fuegos artificiales ascendiendo

Redington Pier at St. Petersburg

extends out over the Gulf of Mexico.
The full moon paints
shimmering gold avenues
on the surface of the Atlantic.
Dressed in pastel clothing
fishermen alone,
or talking together,
glow in the darkness
with their own auras.
The sound of a man's voice
with a songlike accent
travels in the voluptuous breeze,
"We're from the Ohio Valley," he says.
Two women point out a fish
floating head up,
opening its round mouth
gulping the air.
One of them remarks,
"It's ready to float belly up
in the moonlight."
Over my shoulder,
I hear crackling sounds
on the beach.
Turning around, I see
in front of the condominiums
that wall in the coast
fireworks rising

como desde una fuente,
iluminando maravillosas piscinas,
palmeras, canchas de tenis
que anuncian la vida perfecta.
Tan perfecta como esta paradisíaca noche de mayo.
Hacia el sur, parpadean luces rojas
estacionadas en el horizonte
como una Armada en llamas.

Un pescador saca
un pescado pataleando.
Es un barbudo, un paria
detestado por los pescadores.
Tratando de desanzuelarlo
para regresarlo a su elemento,
el pescador, desesperado, tira de la cuerda
y una punta, como un alfiler doblado,
le sale al pez por un ojo:
de su boca borbotea
un chorro de sangre
de un rojo alucinante.
Desde el entechado,
una garza gris, interesada,
se limpia sus cabellos níveos
soplando en el viento.

He llegado al final del muelle,
y no hay nada más que ver
excepto un telón negro, estrellado,
y las aguas oscuras del Caribe.
Como un pintor nocturno
siento una necesidad de organizar

like a fountain,
illuminating marvelous pools,
coconut trees, tennis courts
that advertise the perfect life.
As perfect as this paradisal night in May.
Toward the south, red lights blink
stationed on the horizon
like an Armada in flames.

A fisherman pulls out
a flapping fish.
It's a catfish, a scavenger
loathed by fishermen.
Trying to unhook it
to return it to its element,
the fisherman desperately yanks on the line
and a hook like a bent needle
comes through the fish's eye:
a jet of neon-red
blood spurts
from its mouth.
On the roof of the sun deck
a hungry gray egret
cleans its snowy hair
waving in the breeze.

I have come to the end of the pier,
and there's nothing more to see
except a starry black backdrop
and the dark waters of the Caribbean.
Like a nocturnal painter
I feel a need to place

noche/mar/luna/hombre/bestia
en una escena armónica.
Sin embargo, debería ser suficiente
haber llegado hasta aquí, sin proponérmelo,
sin que nada en mi vida
apuntara hacia este instante,
a la grata sorpresa
de este paraíso sintético.
Silenciosamente, absorto,
tiro el anzuelo de mis preguntas
hacia la oscuridad de la noche,
convirtiéndome en un pescador metafísico.
¿A qué se debe esta necesidad
de plasmar todo lo que me conmueve?
¿Por qué necesito metáforas
para explicar lo que veo?
¿Por qué no dejar simplemente
que la realidad *sea*
y sentir el momento?
Un muelle sobre un golfo
es sólo una estructura.
La noche, la luna, la inmensidad del mar,
no son míos ni me pertenecen.
Y no existe lenguaje alguno
que pueda retratar
la trascendencia de este fuego.

night/sea/moon/man/beast
in a harmonious scene.
But it has to be enough
to have come here accidentally
because nothing in my life
should have brought me here
to the lovely surprise
of this synthetic paradise.
Silently, self-absorbed,
I cast the line of my questions
into the darkness of the night,
becoming a metaphysical fisherman.
Why do I always feel the need
to interpret everything that touches me?
Why do I need metaphors
to explain what I see?
Why not let reality
simply *be*
and feel the moment?
A pier over a gulf
is just a structure.
The night, the moon, the immensity of the sea,
they're not mine and they don't belong to me
and there is no language
that can capture
the transcendence of this fire.

Translated by Eugene Richie

III

Mi noche con Federico García Lorca

(*según* Edouard Roditi)

Sucedió en París.
Pepe me invitó a cenar
con un tal Federico
que iba rumbo a Nueva York.
Yo tenía diecinueve años.
Federico me llevaba once
y acababa de terminar
una relación en España
con un escultor
que lo había maltratado mucho.
Federico sólo tuvo dos amantes;
él detestaba las locas promiscuas.

Ambos éramos Géminis.
Como la astrología
era muy importante para él,
Federico se interesó en mí.
Hablamos en castellano.
Yo lo había aprendido
con mi abuela, una judía
sefardita que me había
enseñado términos
del siglo XVI.
Todo esto le pareció
muy gracioso a Federico.

My Night with Federico García Lorca

(as told by Edouard *Roditi)*

It happened in Paris.
Pepe asked me over to dinner
to meet a guy named Federico
who was on his way to New York.
I was nineteen years old.
Federico was eleven years older
and had just finished
a relationship in Spain
with a sculptor
who had been rotten to him.
Federico only had two lovers—
he hated promiscuous queens.

We were both Gemini.
Since astrology
was very important to him,
Federico took an interest in me.
We spoke in Spanish.
I had learned it
from my grandmother, a Sephardic
Jew, who had taught me
sixteenth-century expressions.
Federico was amused by all this.

We drank a lot of
wine that night.
In the morning, when I woke up,

Bebimos mucho, muchísimo
vino esa noche.
Por la mañana, al despertarme,
su cabeza yacía sobre mis tetillas.
Cientos de personas
me han preguntado los detalles:
¿Era Federico fabuloso en la cama?
Siempre contesto lo mismo:
Federico era emocional
y vulnerable; para él
lo más importante no era el sexo
sino la ternura.

Nunca volví a verlo.
Se marchó a Nueva York
y luego a Cuba y Argentina.
Más tarde, el segundo amor
de su vida fue asesinado
defendiendo la República.

Todo eso sucedió en París
hace ya casi sesenta años.
Fue sólo una noche de amor
mas ha durado toda mi vida.

his head lay across my nipples.
Hundreds of people
have asked me for details:
Was Federico fabulous in bed?
I always give them my standard answer:
Federico was emotional
and vulnerable; for him,
the most important thing wasn't sex
but tenderness.

I never saw him again.
The following day he left for England
then New York and Cuba.
Later, the second love
of his life was murdered
defending the Republic.

All this happened in Paris
almost sixty years ago.
It was just a night of love
but it has lasted all my life.

Translated by Jaime Manrique

Saudade

Muchacho carioca,
habría que inventar epítetos
para aproximarse a tu belleza.
Al despertarme estas mañanas
descubro que aún mis dedos meñiques
cantan tu nombre, y mis zonas capilares
guardan la tibieza de tu boca.
Muchacho carioca
cuando salgo al balcón estas mañanas
las flores cotidianas me sorprenden:
los pétalos magentas de las begonias
se abren como manos dadivosas,
sus corolas semejan cálices tallados en oro
bordeadas de piedras preciosas.
Muchacho carioca
eres un elíxir desconocido,
me das a probar manjares prohibidos;
no es el amor lo que fluye
entre nosotros, sino lava.
En ti cabalgo el filo de una ola,
me dejo arrastrar por tu oleaje,
buceo y busco hacia un fondo ignoto;
al acariciarte entro al paraíso.
Todo esto me sucede,
muchacho carioca,
cuando tu sensual saudade
enciende mi boca.

Saudade

Carioca boy,
new epithets would have
to be coined
to describe
the supple promises
your body makes
turning the air
electric
on Copacabana beach.
When I wake up on these mornings
even my toes
sing your name;
my dales and gullies
lodge the heat
of your skin.
Carioca boy,
when I step onto the balcony
the dowdiest flowers startle me;
the Jamaica beige petals
of the begonias
are bounteous hands
reminding me
of the silkiness
of your caresses.
Carioca boy,
you're an unknown elixir,
you feed me forbidden fruits;
when we embrace
you drag me
to fathomless depths;
when we touch
I enter paradise.
All this happens,
Carioca boy, when your carnal *saudade*
sets my lips
afire.

Translated by Jaime Manrique

Auvers-sur-Oise, julio 27, 1890

Las calles empedradas de Auvers resplandecen al mediodía,
y el hombre que anhela pintar el sol
camina hacia un paraje
donde las urracas anidan.
A través del verano ha escrito a su madre y hermano:
"Decididamente, Auvers es muy bello;
me siento tranquilo, casi calmado;
me siento capaz de pintar todo esto."

Es pleno verano,
y en su lucha final con la luz,
el hombre de los mil rostros
se imagina en Japón,
se imagina que este devenir del paisaje
es el jardín de las delicias terrenas.
Atrás han quedado sus días de evangelista en las minas,
los ojos de Gauguin, cocuyos enfebrecidos,
iluminando los corredores del asilo.

Con un lienzo blanco bajo el brazo—
su mente tan blanca como la luz estival en *Le Midi*—
él asciende hasta la meseta para mejor divisar los trigales
de tallos y espigas dorados,
listos a desplomarse en las manos.

Auvers-sur-Oise, July 27, 1890

The cobblestone streets of Auvers glitter at noon,
and the man who wanted to paint the sun
wanders into a wheat field
where magpies nest.
That summer he wrote to his mother and brother:
"Auvers is truly beautiful;
I feel very serene, almost calm;
I feel I could paint all this."

It's the middle of summer
and in his final struggle with light
the man of a thousand faces
thinks this is Japan,
that this unveiling of the landscape
is the garden of earthly delights.
Behind him are his days as an evangelist in the mines,
Gauguin's eyes, burning fireflies,
lighting the halls of the asylum.

Walking with a great white canvas under his arm,
his mind as white as summer sunlight in *Le Midi*—
he climbs a hill to get a better view of the wheat fields,
the golden stems, the ripe kernels of grain ready
to fall in his hands.

Pronto el verano será otra historia;
y este hombre ha jurado jamás
volver a pintar otro invierno.
¿Es por eso que los cuervos bajo las nubes son un presagio?
Estrepitosos, como un regimiento de abejas furibundas,
forman una escalera de peldaños azabaches
rumbo al cielo.

Sería difícil saber si la escena es parte
de una historia premeditada;
si la pistola debía ser disparada esa mañana;
o por qué el pintor apuntó a su corazón y no a sus sesos.
En ese instante eterno, ese mediodía de estrellas del alma,
¿vio Van Gogh a su Creador,
de quien había renegado y hacia quien ahora
se apresuraba silencioso, jadeante?

Dos días tarda en morir,
y sus ojos no logran contemplar la luz febril de agosto.
"Es inútil, la tristeza perdurará para siempre,"
exclama Vincent y expira.

Summer will soon be over,
and he has sworn not to paint another winter.
That's why the crows beneath the clouds
are an omen—louder than a swarm of bees
they are a stairway of black steps
leading to heaven.

It's hard to say if all this was planned—
if the gun was destined
to be fired that morning;
or why he aimed at his heart and not his forehead.
In that timeless moment, that starry night of the soul,
at noon in July, did van Gogh see God,
whom he had abandoned and
now approached in silence, breathlessly?

He lingers on for two days
and his eyes never see the shimmering light of August.
"It is useless, sadness will last forever,"
Vincent murmurs as he dies.

Translated by Eugene Richie

Dónde estan los colores, Master Turner?

Cuando Ruskin explica contudente:
"con él no había esperanza,"
uno se siente tentado a revisar
tu obra temprana
donde todo es una aurora permanente.
En las fotos que tengo de tí—
en los dibujos e ilustraciones de la época—
eres siempre un pequeño hombre gordito
delineado en tinta negra.
Nunca escribiste una frase correcta,
odiabas a los intelectuales
y sólo leías poesía.
Tantos poetas te han pintado
por enseñarles que la palabra es la imagen.
Odiaste a la sociedad de tu tiempo
con sus Milores y Miladies,
y sin embargo tu mejor amigo fue un noble.
Tus pinturas son acerca de la felicidad de la liberación,
especialmente en ese período cuando bajo
la protección del Lord fuiste feliz.
Pero hay una invisible tristeza detrás de cualquier liberación.
Tú lo deberías saber—las cicatrices son imborrables—
siempre estropean las mejores escenas.
Visitaste Venecia tres veces en tu vida,
y la pintaste no como era
(sino como la recordabas), comprendiendo
que la poesía principia en la remembranza.

Where Are Your Colors, Master Turner?

When Ruskin concludes
that you knew no hope,
I feel tempted to revise your early work
where it is always dawn.

Etchings of you show the little fat man
who wrote a casual prose, avoided intellectuals,
and only read poetry.
You felt contempt for the lords and ladies of your time,
yet your best friend was a nobleman.
Your paintings knew the joy of being free,
in that period under the Lord's protection
when you were happy.
Surely you understood
that sadness lies beneath all freedom—
scars cannot be removed;
they always mar the best surfaces.

You went to Venice three times
and painted not what you saw,
but what you remembered, knowing
poetry begins in recollection.
Since then, poets have painted you
because you taught them word is image.
You were admired by the young painters,
and later Kandinsky revered your light.

Algunos de tus contemporáneos—los jóvenes—
te admiraron, y más tarde Kandinsky
veneró tus luces.
Si yo pudiera escoger el cielo de mi muerte
dejaría que tú lo pintaras
utilizando tu teoría del rojo, el rosado y el blanco.

Oh, maestro de la luz—
¿por qué no me pintas un camino con un sol amable
bordado con árboles de frondosas sombras?

If I could choose the sky for my death,
I would want you to color it
with whites, pinks and yellows.

Oh! Maestro of light—paint me a road with a gentle sun,
embroidered trees, and leafy shadows.

Translated by Eugene Richie

Contemplando un paisaje de
Frederic Edwin Church

Cinco palomas oscuras en la calle blanca
se alimentan mientras la nieve cae.
Así la memoria divaga
para alimentar la existencia.
El libro que abro ahora, pesado y dorado,
es el libro del pasado, en el cual
los paisajes del siglo XIX representan
un instante de la naturaleza
vestida con las ilusiones del hombre.

Mi mente no está aquí.
Mi mente y mi memoria no están con la nieve.
Tal vez existirá una memoria de este instante en el futuro,
pero el libro que se abre, con sus páginas
brillantes como el celofán,
me lleva al río de mis sueños,
al río de mi niñez y las memorias de mis abuelos.
Tal vez nunca volveré a pisar sus orilas,
ni veré de nuevo sus horizontes,
ni experimentaré sus ocasos
ni mi corazón palpitará al pensar en
las bestias inimaginables que hierven en sus aguas.
Sin embargo, fue allí donde comenzó el presente,
aunque la tarde que recuerdo,
no como una foto tomada por un ojo inexperto,
sino como un paisaje cincelado con la sangre

Contemplating a Landscape by
Frederic Edwin Church

Five black pigeons on the white street
feed while snow falls.
Memory wanders, feeding me;
but my thoughts are not of the snow.

The book I open now, heavy and gold,
pages brilliant as cellophane,
is the book of the past
where landscape is nature
invested with man's illusions.

Church's "Scene on the Magdalene"
takes me to that river in my dreams,
to childhood and memories of my grandparents.
Perhaps I will never walk its shores again,
see its horizon at sunset,
feel my heart beat at the thought
of the unimaginable beasts that swarm its waters.
This is the river my grandparents crossed,
the one that spawned their children,
that enchanted and later swallowed them.

de un pintor que conozco, Frederic Edwin Church, por ejemplo,
en busca de lugares exóticos y reales,
es decir, imaginarios, un paisaje
que pudiera hablar como la música,
donde los rojos ejemplifiquen la pasión,
donde los brochazos espesos representen un alma atormentada.
Todo eso está allá, a lo lejos, y no hay ningún pintor
que lo haya pintado, y yo no trato
de recuperar la belleza del río,
sino lo que sentía en ese momento:
un niño sobre un mundo como una naranja inmensa,
indefenso en el recinto de las posibilidades,
un niño que iba al muelle
no a iniciar viajes de conquistas, a desafiar a los dioses,
sino a presenciar el espectáculo
de los barcos que se devoraba el ocaso.
Sí, éste es el río de los abuelos,
el río por el cual un día descendieron
y luego habrían de cruzar por el resto de sus vidas.
Este fue el río que ellos le impusieron a sus hijos;
el río que produjo los Ulises y las Circes y las sirenas,
el río que los encantó desde un principio para luego devorarlos.

Fue allí que mi tío Hernán me enseñó "a ser hombre."
Ser hombre significaba tomar cerveza tras cerveza
hasta la inconsciencia
y luego celebrar la muerte de los partidos
y acabar en el único prostíbulo del pueblo
convencidos que en el acto de penetrar una vagina
sosteníamos el mundo en nuestras manos.
Pronto mis cabellos serán canos
y mi tío Hernán está muerto.

I begin there
on that afternoon I recall
not like a photo taken by a trained eye,
but as a landscape etched in the blood of a painter
in search of real and imaginary places
that could speak like music,
where reds and brush strokes reveal passion.
It's all there in the distance,
though no painter has rendered it.
Now I am trying to regain that moment:
a child standing on a world
shaped like an immense orange,
a child on the wharf,
helpless in the lands of possibility.

But what I remember
more than the afternoon hunts with Uncle Hernán,
wading the rushing streams past witches' coves
through the river delta,
more than the bloodied *pisingos*,
are the *coroncoros* that my childish eyes
imagined, sacred as the Ibis.

Snow falls outside.
The river opens before my eyes
to the fishermen
clustering around an ocean of reds,
the water linking me
to that afternoon, that sunset, that image.

Pero lo que yo recuerdo,
más allá de las circunstancias de su muerte,
más allá de las cazas nocturnas,
de los pisingos ensangrentados,
de los coroncoros que con mis ojos de niño
eran sagrados como el Ibis,
de las historias de brujas y los arroyos tumultuosos,
es la imagen de un adolescente desolado
y sin embargo reconfortado por la naturaleza.
Ahora el río se abre ante mis ojos,
y yo estoy solo, y afuera cae la nieve.
Pero fueron sus aguas, el ejemplo de los abuelos,
de los pescadores que por las tardes hormigueaban
sobre ese océano en llamas,
que me llevó tan lejos, para que un día
pudiera recordar una imagen, una tarde, un ocaso.

No, los grandes maestros menores,
los que prefirieron el sentimiento y la grandiosidad,
a los dictados del orden, las fronteras de la conciencia,
no imaginaron jamás esta escenas.
Sostengo el libro entre mis manos
y los atardeceres bermejos, los soles nublados,
no pueden compararse a ese ojo por el cual en este instante
fluyo hacia las aguas, pintando lo que veo y lo que no veo
para rescatar una parte de quien fui.

Río compañero de ese entonces,
El pueblo ya no existe, o si existe,
la muerte ha empezado a oscurecerlo.
Los que nacen ahora, los que lleguen en el futuro,
nunca conocerán ese momento, y por eso, para ellos,

No, the great young masters,
those who chose the cosmos over order,
never imagined what I see now.
I hold the book in my hands;
not even crimson skies,
suns wrapped in copper clouds,
could compare with this opening
through which I move toward the waters
to paint both what I can and cannot see,
recovering a part of me, of what I am now.

River, once my friend and companion,
the old town no longer exists;
death has begun to obscure it.
Those born today, those yet to be born,
will never know that moment of discovery.
Flow down, river in flames,
flow toward the sun
as it opens its mouth to receive you.
Carry the living and the dead
so that in another place, another world,
a child will find himself alone, abandoned,
marked forever by the moment
he first paused before you,
understanding how everything flows, how nothing stops,
how present, past, and future are all one
as those canvases (some of them of suffering)
attest to long after the artist is dead
and his images return
to illuminate what I see today.

el río está muerto.
Fluye hacia el mar río implacable,
fluye hacia el sol que devoras
y que a su vez abre su boca para devorarte.
No vuelvas a mí, excepto en mis sueños.
Lleva a los vivos, transporta a los muertos,
para que en algún lugar en otro universo,
un niño se encuentre solo, abandonado,
marcado para siempre por ese momento
en el cual se detuvo frente a un río,
porque en ese instante comprendió
que todo fluye, que nada acaba,
que el pasado es igual al presente, al futuro,
como lo confirman las imágenes, algunas de sufrimiento,
de esos pintores, que aún ahora
regresan desde sus tumbas
no para mostrarnos lo que ellos vieron un día
sino para obligarnos a entender
lo que nosotros alguna vez vimos.

Al cerrar el libro, la nieve cae todavía,
las palomas han desaparecido y todo está blanco.
Algún día recordaré este instante
y descifraré su mensaje inmaculado de pureza.

I close the book.
Snow falls in charcoal dusk;
pigeons become part of the snow.
I will recall this scene one day
and unveil
its immaculate meaning.

Translated by Eugene Richie

Días de Barcelona

para Miguel Falquez Certain

Pronto habrán pasado veinte años,
que como dice el tango, son nada.
Tampoco es nada
el cargamento de memorias que hemos
acumulado desde ese entonces;
y son mucho, son demasiado,
las carnes desgonzadas,
las arrugas del espíritu
que ninguna cirugía arranca.
Es posible que tus monumentos
hayan envejecido. Mas la patina de sus fachadas
no puede compararse
al derrumbe de mis ilusiones.
Hoy vivo por vivir,
y de las ilusiones de ayer
quedan poemas, memorias borrosas,
cartas que nos atraviesan como puñales.
Ultimamente, caminando por las calles,
reconozco en los peatones
los rostros de mis muertos queridos:
Andrés, Mike, Douglas, Luis Roberto,
reencarnados en un gesto, un bucle,
un encuadre chabrolesco.
Quien fui ayer,
y pronto serán veinte años de esto,
ya no recuerdo.
Lo veo a él, al otro Manrique,

Barcelona Days

for Miguel Falquez Certain

Soon it will be twenty years,
and like the tango says, that's nothing.
And the burden of memories we've
accumulated since then—
that's nothing either;
what's heavy, too heavy,
is disordered flesh,
the wrinkles of the spirit
no surgery can remove.
Maybe your monuments
have grown old. But the patina of their surfaces
is nothing compared
to the collapse of my illusions.
Today I live just to live,
and what's left of yesterday's illusions
is in poems, blurred memories,
letters that pierce us like knives.
Recently, walking the streets,
I've recognized in passersby
the faces of my dear dead:
Andrés, Mike, Douglas, Luis Roberto,
reincarnated in a gesture, a lock of hair,
a Chabrolesque frame.
The man I was yesterday,
and soon it will be twenty years,
I can't remember.
I see him, the other Manrique,

un héroe en una novela de posguerra,
un clásico, un mito
repitiéndose desde siempre.
Hoy soy un extranjero
escribiendo líneas nostálgicas
por épocas en las cuales tampoco
quise, ni fui feliz, ni siquiera yo mismo.
A veces, últimamente, cuando viajo
en el tren subterráneo,
es como si atravesase
diferentes regiones del infierno.
Y sé que, aunque vivo,
estoy muerto, y que tan sólo en la muerte,
tal vez, Barcelona, recorreré
de nuevo tus ramblas
buscándolo a él, con su gemir eterno,
tratando inútilmente de completar
las piezas de un crucigrama
cada vez más extenso
e incierto.

a hero in a postwar novel,
a classic, a myth
forever repeating itself.
Today I am a foreigner
writing lines filled with nostalgia
for times when I didn't love either,
wasn't happy, wasn't even myself.
Sometimes, recently, when I ride
the subway,
it's as if I were traveling
through the circles of hell.
And I know that though I live
I am dead, that only in death,
perhaps, Barcelona, I'll walk
your boulevards again,
looking for him, with his eternal moaning,
trying in vain to fill in
the squares of a crossword puzzle
that grows large
and larger
and more uncertain.

Translated by Edith Grossman

Marco Polo, mercader y poeta

Por orden del Gran Khan, catorce naves
zarparon de Ch'uan Chou, cada nave con cuatro mástiles
y tal despliegue de velas
que parecían descender del cielo,
transportadas por una caravana de dragones.
Éste no sería el último viaje,
aunque éste era tu viaje de regreso.

Veinte años descubriendo otros mundos.
Mercader que tú fuiste, insensible al arte y las letras,
desoíste el consejo de Wang Tso:
"Si por diez años
has explorado lugares distintos
de la tierra,
no te apresures demasiado
por saber
noticias de tu lejana patria."

Dos años navegas hacia el oriente:
caníbales, amazonas, grifos,
atrás Cipango, donde cada hombre
es enterrado con una perla roja y blanca en la boca.

Marco Polo, Merchant and Poet

By order of the Great Khan, fourteen ships
set sail from Ch'uan Chou, each ship with four masts
and so great an unfurling of sails
that they seemed to come down from heaven
transported by a dragon caravan.
This would not be the final voyage
though it was your voyage of return.

Twenty years discovering other worlds.
Merchant that you were, indifferent to art and poetry,
you could not hear Wang Tso's warning:
"If for ten years
You have explored so many different places
On this earth,
Do not be too hasty
To learn
News of your distant homeland."

For two years you sail toward the East:
cannibals, amazons, griffins,
behind you lies Cathay, where every man
is buried with a red and white pearl in his mouth.

Cumples tu misión,
no por gratitud al Khan, ni a las riquezas acumuladas,
sino por amor a la princesa,
quien no alcanza su destinado
aunque sí su destino, su temprana muerte.

Marchas a Venecia: padre, tío, medio hermano,
esclavo, también viajan contigo,
diez y ocho sobrevivientes de más de seiscientos navegantes,
en tu libro ignoras a tus compañeros de viaje
pues eres tu único héroe.

Venecia medieval
con sus mercaderes, una Babel,
los descuartizados en las plazas,
los milagros en los canales,
las guerras y la prostitución y la miseria.

Atrás había quedado el reino de Kubla Khan,
atrás la corte del orden,
del honor y los exóticos placeres.
Atrás las esencias y los inciensos,
la precisión, la Gran Muralla, la magia—
o sea, el polo opuesto de Occidente.

Tu lengua se traba ante este viejo mundo
que ahora ves con ojos diferentes.
Tu corazón es incapaz de regresar a la muerte segura,
o permanecer y vivir, que también es otra clase de muerte.

You complete your mission,
not because you are grateful to the Khan,
grateful for the wealth that now is yours,
but for love of the princess
who does not reach her destination
but finds her destiny, her early death.

You go to Venice: father, uncle, half-brother,
slave, all travel with you,
eighteen out of six hundred survive
but in your book you ignore your companions
for you are your only hero.

With all its merchants
medieval Venice was a Babel:
men drawn and quartered on the piazzas,
miracles on the canals,
wars, prostitution, wretchedness.

Behind you the kingdom of Kubla Khan,
behind you the court of orderliness,
honor, exotic pleasures.
Behind you essences and incense,
precision, the Great Wall, magic—
everything the West was not.

Your tongue ties at the sight of this old world
you see now with different eyes.
Your heart cannot return to certain death,
or stay there and live, which is another kind of death.

Entonces caes preso en Génova:
(la verdad, tú buscabas otro público,
otros oídos crédulos para tus historias).

Génova, de la cual Petrarca había escrito:
"Torres que parecían desafiar el firmamento,
colinas vestidas con olivos y naranjas,
palacios de mármol erguidos en la cima de las rocas—
donde la naturaleza conquistaba al arte."
Y allí, en la cárcel, Rustichello,
romancero, que quiere decir embustero, visionario.
Uno puede imaginarse (y ver)
la mano que confundió (y fundió)
la realidad con lo imaginario—
uno puede ver la mano que convirtió lo real en romance.

Luego, con el alma y el corazón traicionados,
regresaste a Venecia para practicar la usura
y esperar la muerte.

Entonces, por qué no imaginarnos una visita de Dante,
Milione hablándole al Maestro,
en vez del ocaso en el cual finalmente levantaste el ancla
para emprender el viaje sin regreso.

You are taken prisoner in Genoa:
(the truth is you sought another audience,
other credulous ears for your tales).

Genoa—Petrarch described it:
"Towers that seemed to defy the firmament,
hills draped in olive trees and oranges,
marble palaces rising out of rock—
where nature conquered art."

And there, in prison, Rustichello,
romancer, that is, liar, visionary.
One can imagine (and see)
the hand that confused (and fused)
the real and the imagined—
one can see the hand that turned reality into romance.

After that, your soul and heart betrayed,
you returned to Venice to practice usury
and wait for death.
Then, why not imagine a visit from Dante
—Milione speaking to the Master—
instead of the day's end when you finally raised anchor
and set out on the voyage of no return.

Uno se imagina a Dante, empezando la descripción
del Libro del Mundo, en medio de un bosque oscuro,
y, como en toda *Commedia* que se respete,
descendiendo a un infierno más frío entre más profundo,
lleno de las nobles e ilustres figuras
con que comienzas tu libro.
Un guía y un amor esperando al final
(he ahí la diferencia)
un tour accidentado por el purgatorio, paraíso, infierno . . . .
Tus ojos desorbitados ya no escuchan la historia, Marco Polo,
por una vez en tu Vida (realmente en tu muerte)
te desentiendes de las riquezas y los honores,
tu alma de mercader da paso al poeta.

Sin embargo, yo quiero saber:
¿acompañaste a Virgilio, o encontrándote con Ulises
te embarcaste en otro viaje,
y todavía te encuentras batallando,
buscando nuevas rutas, soñando con tesoros infinitos?

Tú sabías que después de la muerte no ha acabado el viaje.
Tú sabías que la vida comienza donde la muerte empieza.

One imagines Dante beginning the description
of the Book of the World, in the middle of a dark wood,
and, as happens in every self-respecting *Commedia*,
he descends into an inferno that grows icy as it deepens,
that is full of the noble, illustrious figures
with which you begin your book.
A guide and a love waiting at the end
(here's the difference!),
a tour interrupted by purgatory, paradise, inferno . . . .

Your eyes struck with wonder no longer hear the tale, Marco Polo,
for once in your life (in your death)
you do not care for wealth and honor
and your merchant's soul makes way for the poet.

Still, I want to know:
did you go with Virgil, or when you met Ulysses
did you begin another voyage,
are you still in the struggle,
searching for new routes, dreaming of infinite treasure?

You knew that after death the voyage was not over.
You knew that life commences where death begins.

Translated by Edith Grossman

Recuerdos

Recuerdo que al despertarme
ramas cargadas de lilas
penetraban por la ventana.
Recuerdo el olor persa de las oleáceas
y cómo, al apartar un racimo de lilas,
el valle, el cielo, las flores silvestres,
las abejas y el sol brillaban;
el río centelleaba
como una avenida acuática de plata,
y naves con velas como velos de novias
lo surcaban.
Recuerdo los arrecifes en la distancia
verdes y rugosos como la cola
de una gigantesca iguana.
Recuerdo el piar excitado de las golondrinas
y sus demenciales piruetas aeronáuticas.
Recuerdo el paisaje afable, domesticado,
y la brisa entre los manzanos,
dulce como una lengua apasionada.
Recuerdo cómo mis carnes gritaban,
"Hoy, en este instante, eres amado y amas."

Recuerdo cómo a la hora vespertina,
en el punto más extremo de Manhattan,
entre Ellis Island y la Estatua de la Libertad,
el Hudson pasa.
Recuerdo que, dándole la espalda al hiperbólico ocaso,

Memories

I remember that when I awoke
branches heavy with lilac
came in the window.
I remember the Persian aroma of oleaceæ,
and how, when I moved the lilacs aside,
the valley, the sky, the wild flowers,
the bees and the sun all glistened;
the river sparkled
like a watery avenue of silver,
and boats with sails like bridal veils
cut through it.
I remember the distant reefs
green and craggy as a giant
iguana's tail.
I remember the excited cooing of the doves
and their demented pirouettes in the air.
I remember the tame, good-natured landscape
and the breeze through the apple trees,
as sweet as a passionate tongue.
I remember how my flesh shouted,
"Today, right now, you are loved and you love."

I remember how at twilight,
at the very tip of Manhattan,
the Hudson flows between
Ellis Island and the Statue of Liberty.
I remember that, turning their backs on a hyperbolic sunset,

las vidriosas torres de Wall Street,
misteriosas y místicas como torres milenarias,
relucientes en su prepotencia dorada,
son anturios descomunales
encendiéndose de oro y plata, turquí y esmeralda.
Recuerdo que esta isla,
en la cual he saboreado todos los placeres,
no es mi casa.
Recuerdo haber observado desde un piso cuarenta
a una gaviota planear entre los rascacielos,
y a un helicóptero como una abeja metálica
aterrizar sobre un techo como si fuera una corola.

Recuerdo que una noche de insomnio,
arrellanado en un sofá,
miraba a través de la ventana
a las magnolias florecidas
y a la luna color mortaja.
Recuerdo a los escurridizos fantasmas
danzando en puntillas,
en un círculo, a la orilla del bosque,
alrededor de una hoguera de luz blanca.

Y recuerdo a un huerto de calabazas maduras
como si fuera un campo de batalla de lunas caídas.
Me acuerdo haberme levantado del sofá,
abrir la puerta y caminar por el sendero.
Me acuerdo que los pájaros nocturnos
trinaban una invitación a cantarle a la luna.
"Ni te atrevas, idiota," dijo enfurecida
la voz selenita.

the glass towers of Wall Street,
as mysterious and mystical as millenarian towers,
brilliant with golden power,
are enormous anthuriums
burning with gold and silver, indigo and emerald.
I remember that this island,
where I've tasted all the pleasures,
is not my home.
I remember having watched from the fortieth floor
while a gull glided among skyscrapers,
and a helicopter like a metal bee
landed on a roof as if it were a corolla.

I remember that one sleepless night,
stretched out on a sofa,
I looked through the window
at magnolias in bloom
and a moon the color of winding sheets.
I remember the phantoms that slipped away
dancing on tiptoe
in a circle at the edge of the woods
around a fire of white light.

And I remember a garden of ripe squash
as if it were a battlefield of fallen moons.
I remember getting up from the sofa,
opening the door and walking down the path.
I remember that the night birds
trilled an invitation to sing to the moon.
"Don't you dare, you fool," said the enraged
voice of Selene.

Recuerdo le respondí sorprendido:
"Luna, no seas ingrata; te he cantado
en todas mis noches de desvelo."
Recuerdo la vasta lista de improperios
que la luna lanzó contra Safo y Lorca,
Cavafis, Shelley y Keats,
Silvia Plath y Leopardi.

Recuerdo un montón de cosas e imágenes:
a la hora de la siesta,
mi madre recortándole las uñas del pie a su amado.
En esa pose mi madre se parecía a María Magdalena.

Otras veces me acuerdo de Julio César, el romano.
Recuerdo que el mes de julio,
cuando todo es verdor y el universo canta,
es su homónimo.
Recuerdo cómo los romanos lo llamaban
el hombre de todas las mujeres
y la mujer de todos los hombres.
Recuerdo que fue aristócrata, *playboy*, soldado.
Recuerdo que cruzó el Rubicón, derrotó a Pompeyo y dijo:
¡todo el mundo sabe lo que dijo!
Recuerdo que fue dictador perpetuo,
que sus compinches lo asesinaron;
que peleó cincuenta batallas y masacró millones,
que creía en las proyecciones astrológicas
mas desoyó la profecía de su muerte.
Me acuerdo que Bruto
le apuñaleó en la ingle;
que al morir, dijo:
¡qué importa lo que dijo!

I remember that I answered in surprise,
"Moon, don't be ungrateful; I've sung to you
on all my sleepless nights."
I remember the long list of insults
the moon flung at Sappho and Lorca,
Cavafy, Shelley and Keats,
Sylvia Plath and Leopardi.

I remember endless things and images:
at siesta
my mother cut her lover's toenails.
In that position my mother looked like Mary Magdalene.

Other times I remember Julius Caesar, the Roman.
I remember that the month of July,
when everything is green and the universe sings,
is named for him.
I remember how the Romans called him
every woman's man,
and every man's woman.
I remember he was an aristocrat, a playboy, a soldier.
I remember he crossed the Rubicon, defeated Pompey, and said:
Everybody knows what he said!
I remember he was dictator-for-life
and his pals assassinated him;
that he fought fifty battles and massacred millions,
that he believed in astrological projections
but refused to heed the prophecy of his death.
I remember that Brutus
stabbed him in the groin;
that when he died, he said:
What difference does it make what he said!

Recuerdo todo esto y mucho más.
Recuerdo miles de gestos, cientos de hombres,
sus corazones palpitando contra el mío.
Lo que recuerdo no es un collar,
un pendiente que engrana perfectamente,
un pulso que adorna la mano que mueve montañas,
una cadena alrededor del cuello que ha sido amado
mas no lo suficiente.

Recuerdo mis amores y mis odios.
No recuerdo el momento en que nací,
ni cómo concebí mi primer poema.
Y no quiero recordar mi rostro y yo, solos,
confrontando un espejo.
Recuerdo que la muerte es el no recordar.
Yo recuerdo; *ergo* vivo.

I remember all this and more besides.
I remember thousands of gestures, hundreds of men,
their hearts beating against mine.
What I remember is not a necklace,
a pendant with a perfect clasp,
a bracelet that adorns the hand that moves mountains,
a chain around a neck that has been loved
but not enough.

I remember my loves and my hates.
I don't remember the moment I was born,
or how I thought of my first poem.
And I don't want to remember how my face and I, alone,
faced a mirror.
I remember that death is not remembering.
I remember; *ergo* I live.

Translated by Edith Grossman

About the Translators

EDITH GROSSMAN is a critic and translator of Latin American literature. The author of *The Antipoetry of Nicanor Parra*, as well as articles and book reviews that have appeared in a variety of publications, she has translated works by many of Latin America's most important writers, most recently *Of Love and Other Demons* by Gabriel García Márquez, *The Adventures of Maqroll* by Alvaro Mutis, and *Death in the Andes* by Mario Vargas Llosa. She lives in New York City.

EUGENE RICHIE is a translator and poet. His translations of Latin American authors, including Matilde Daviú and Isaac Goldemberg, have appeared in publications such as *Ploughshares*, *The Brooklyn Review*, and the *Anthology of Contemporary Latin American Literature*: 1960-1984. A chapbook of his poems entitled *Moiré* was published by Intuflo Editions/The Groundwater Press in 1989. He teaches in New York City at Pace University.